Meisterhaft Leben – 3 Schlüssel für mehr Glück und Erfüllung

Lebensmeister

Impressum:
Timo Hilgert
Amsterdamer Str. 267
50735 Köln

ISBN: 9798386174705
Independently published

Der Standardvermerk der deutschen Nationalbibliothek:
Die Deutsche Nationalbibliothek verzeichnet diese Publikation in der Deutschen Nationalbibliografie; detaillierte bibliografische Daten sind im Internet über http://dnb.dnb.de abrufbar.

INHALT

Vorwort	4
Der erste Schlüssel - Verantwortung	6
Der zweite Schlüssel - Achtsamkeit	19
Der dritte Schlüssel - Dankbarkeit	31
Nachwort	40

VORWORT

Liebe*r Leser*in,

So viele Menschen auf der Welt wünschen sich ein glückliches und erfülltes Leben. Viele verlieren sich in dem Wunsch, nach immer mehr, nach Höherem, nach Besserem zu streben. Und sie vergessen dabei völlig, wer sie wirklich sind und was sie glücklich macht.

Und darum geht es in diesem Buch:
Um Glück und Erfüllung.

Ich erzähle dir eine kleine Geschichte und hoffe, sie inspiriert dich. Und ich freue mich, wenn die drei Schlüssel für mehr Glück und Erfüllung dir dabei helfen, dich auf das zu besinnen, was dich einem erfüllten Leben näherbringt.

Wie so häufig beim Thema ‚*glückliches und erfülltes Leben*', musste auch ich erst die ein oder andere Krise in meinem Leben überstehen. Erst später erkannte ich das Geschenk in den Krisen. Und konnte letztlich mein Leben ändern.

Jahrelang strebte ich nach Glück und Erfüllung und schlich dabei durchs Leben, als wäre dieses ein dunkler Raum und das Glück läge hinter der nächsten Tür.

Keiner sagte mir, dass ich nur das Licht anschalten musste. Und keiner sagte mir, dass der Lichtschalter in mir war. Dass ich selbst das Licht war. Und als ich den Lichtschalter endlich fand und die Dunkelheit verschwand, bemerkte ich, dass das glückliche und erfüllte Leben längst da war. Es war allgegenwärtig. Ich konnte es nur nicht sehen.

Die Arbeit an meinem Inneren hat mich weitergebracht. Mein Leben hat sich gewandelt:
Ich bin angekommen. Ich bin glücklich. Ich bin erfüllt.
Und das überträgt sich auf die äußeren Umstände in meinem Leben: Ich erkenne die Schätze, die das Leben für mich bereithält. Und je mehr Schätze ich entdecke, desto mehr davon erhalte ich.

Was bei mir funktioniert, funktioniert ebenso bei dir.
Was ich auf dem Weg gelernt habe, möchte ich nun an dich weitergeben. Ich wünsche dir viel Freude mit meinem kleinen Buch.

DER ERSTE SCHLÜSSEL – VERANTWORTUNG

Es regnete in Strömen, doch das störte ihn nicht. Er musste weg hier. Alles war so verfahren und sein Kopf drehte sich ständig um seine Probleme und die Krise, die er seit Monaten schon hatte. Warum verstand ihn keiner? Warum waren sie nicht nachsichtig mit ihm? Wie konnten sie verlangen, dass sein Leben einfach weiterging? Jetzt, wo alles anders war.
Und überhaupt: Wie konnte sich ihre Welt weiterdrehen, als sei nichts geschehen, wo seine eigene Welt kopfstand?

Er pfiff nach seinem Hund, doch der hob kaum den Kopf.
„Dann eben nicht", raunte er, griff nach seinem Schlüssel und trat in den Regen hinaus. Hinter ihm fiel die Haustür aus Glas laut ins Schloss und einen Augenblick lang fürchtete er, sie würde in tausend Splitter zerbersten. So wie es ihm selbst vor einigen Monaten ergangen war. Doch das tat sie nicht. Sie hielt seinem Ärger stand. Wie jedes Mal, wenn er das Haus verließ.

Mit großen Schritten entfernte er sich von seinem Zuhause. Er würde vermutlich ohnehin nicht mehr lange darin wohnen, dachte er. Abrupt blieb er stehen und sah sich nach dem Einfamilienhaus um. Dieses Haus. Einst war es sein Nest gewesen. Er hatte es mit *ihr* gebaut. Gemeinsam. Für die Kinder.

Doch die waren inzwischen aus dem Haus und lebten ihr eigenes Leben. Und *sie* war nicht mehr da. Nur der Hund war ihm geblieben. Ein Kloß schob sich in seine Kehle und jäh machte er auf dem Absatz kehrt, um das Haus nicht mehr sehen zu müssen. Er eilte in die entgegengesetzte Richtung. Nichts wie weg von hier, dachte er.

Nach wenigen Minuten hatte der Regen ihn durchnässt. Doch das störte ihn nicht. Er nahm es nicht einmal wahr. Er lief und lief und lief. Doch seine Probleme, seine Krise, sie folgten ihm. Er nahm sie überall mit hin. Ebenso seine Gedanken. Sie waren immer bei ihm. Nur selten konnte er sie abschütteln. Und wenn, dann war Alkohol im Spiel. Doch heute nicht. Heute war er nüchtern. Und seine Gedanken schlugen unerbittlich zu.

Er dachte an seinen Job.
Nein, das ist kein Job, dachte er. Es ist meine Berufung. Zumindest war das früher einmal so gewesen. Vor fast 40 Jahren hatte er seine Ausbildung in der Firma begonnen. Heute war er Abteilungsleiter und führte seit über 10 Jahren den Einkauf durch Höhen und Tiefen. Viele geschäftliche Krisen hatten sie gemeinsam gemeistert. Er hatte es zu etwas gebracht. Doch all das schien sich aufzulösen, wie der Nebel an einem sonnigen Herbstmorgen.

Doch nicht nur das. Seine finanzielle Lage war brenzlig. Nie zuvor war er in solch finanziellen Schwierigkeiten gewesen. Zuerst der Schaden am Auto. Er hatte sich ein Neues angeschafft – und nur neun Tage später hatte er einen Unfall verursacht. Das erste Mal in seinem Leben war er überhaupt in einen Unfall verwickelt.

Doch eigentlich hatte ihn gar keine Schuld getroffen, sondern seinen Vordermann. So bremste man schlichtweg nicht ab. Und nun schob man ihm die Schuld in die Schuhe.
Dieser Unfall war nur eine der Ungerechtigkeiten, die ihm seit Monaten zustießen. Dann die Kosten für den Wasserrohrbruch, den er vermeintlich selbst verursacht hatte. Und die hohen Tierarztgebühren: Zu seinem Unmut schien sich auch sein Hund gegen ihn zu wenden. Er war seit Monaten fast alle zwei Wochen krank, benötigte teure Medikamente und Behandlungen. Am Ende dann die Beerdigung. Die hatte ihn ein Vermögen gekostet. Mehr, als er sich je hätte träumen lassen. Warum nur war es erlaubt, mit dem Tod und der Trauer anderer so reich zu werden?
Und die ewig bohrende Frage: Warum hatte sie ihn verlassen?
Vor einem Jahr war alles in Ordnung gewesen. Als sie noch lebte.

Auf einem großen, matschigen Feld kam er zu sich und bemerkte, dass er rannte wie ein Häftling auf der Flucht. An seinen handgefertigten Lederschuhen klebten dicke Erdklumpen, die ihm jeden seiner Schritte erschwerten.
Wo war er gelandet? Und wie war er hierhergekommen? Er versuchte, sich zu orientieren, wandte sich in alle Richtungen, doch er wusste nicht, wo er war. Einige hundert Meter weiter, am Waldrand, befand sich ein kleiner Jägerhochsitz. Ihm war kalt und er war nass, außerdem musste er seine Schuhe von den dicken Erdklumpen befreien. Deshalb hielt er darauf zu.

Je näher er dem Hochsitz kam, desto heller wurde es. Die Sonne zeigte sich. Und es wurde ihm wärmer. Als er beim Hochsitz ankam, war es so warm, dass er seine Jacke auszog, damit seine Kleidung schneller trocknen konnte. Er streifte seine Schuhe an den Streben der Leiter ab, die auf den Hochsitz hinaufführten. Dann stieg er auf hinauf, ließ sich auf die Sitzbank fallen und schloss die Augen. Wärme und Licht umfingen ihn und plötzlich fühlte er sich sicher und geborgen. Das hatte er lange nicht gefühlt.

Er versuchte, sich selbst Mut zu machen. Diese Krise, er würde sie schon überwinden: Sein Chef, der ihm in einem unangenehmen Gespräch mitgeteilt hatte, dass sein Verhalten für die Firma nicht länger tragbar war; seine Schwester, die ihm bei jedem Telefonat Vorträge darüber hielt, dass er sich mit seinem Verhalten nur schadete und er endlich wieder nach vorn blicken müsse. All diese Menschen würden schon einsehen, dass er nur durch eine Krise ging. Keiner verstand ihn. Doch wenn er sich ihnen verständlich machen konnte, dann wären sie nicht so hart in ihrem Urteil, dessen war er sich sicher. Sie mussten ihm nur zuhören.

„Hörst *du* denn *ihnen* zu?“

Unvermittelt öffnete er die Augen und sah sich um.
Es war *ihre* Stimme.
Doch er konnte niemanden sehen. Deshalb lauschte er in die Stille, ob er sie noch einmal würde hören können. Doch es blieb still.

„Bist du hier?“, fragte er vorsichtig und fühlte sich lächerlich dabei. Sie war tot, sie konnte nicht mit ihm sprechen, geschweige denn hier sein. Nicht mehr.

„Natürlich bin ich hier“, antwortete sie und ihre Stimme klang warm und liebevoll. So, als säße sie direkt neben ihm.

Er drehte sich nach links und rechts. Doch er konnte nichts sehen, außer dem Holz des Hochsitzes, einigen Feldern und den ersten Bäumen des beginnenden Waldes hinter ihm.

„Ich sehe dich nicht“, sagte er leise. „Wo bist du?“

Sie kicherte. So, wie sie das immer getan hatte. Als sie jung waren. Und frisch verliebt. Damals als er ihr süße Worte zugeflüstert hatte, wenn sie sich heimlich abseits der Clique trafen.

„Ich bin in dir!“ – und in ihrer Stimme schwang Belustigung mit, so als wäre seine Frage albern.

Er schüttelte heftig mit dem Kopf. „Nein, das kann doch nicht sein. So ein Quatsch!“, rief er und sträubte sich gegen ihre Worte. „Was passiert mir denn noch alles?“

Das konnte unmöglich passieren. Drehte er langsam durch?

Er kniff die Augen zusammen, presste beide Handflächen fest auf seine Ohren und schüttelte dabei heftig den Kopf. Als könne er diese Einbildung damit abschütteln. Sie sagte nichts mehr. Und das war sogar noch schlimmer. Als er sich beruhigt hatte, lehnte er sich zurück und öffnete die Augen. Er blickte in die Ferne, doch die Sonne blendete ihn.

„Bist du noch da?“, fragte er.

„Ich bin immer bei dir“, antwortete sie.

Er verzog das Gesicht. Es kostete ihn Überwindung. Doch dann sagte er: „Seit du weg bist, ist alles ...“, er rang nach den richtigen Worten. „... schlimm“, schloss er.

„Es ist so, weil du es so siehst.
Die Welt ist immer gerade so, wie du sie siehst.“

Er schüttelte den Kopf. „Nein! Seit du weg bist, geht alles schief.“

Und wieder schnappte sie nach Luft. Er bemerkte, dass sie belustigt war. Gleichzeitig fühlte er sich wie ein dümmlicher, kleiner Junge, der naiv und blauäugig durchs Leben ging. Manchmal hatte sie ihm so ein Gefühl gegeben, als sie lebte.

„Es geht alles schief, weil du es so erwartest“, sagte sie.

„Wie kann ich denn etwas anderes erwarten, nachdem du mich verlassen hast?“, rief er und versuchte, die aufgestaute Wut, die sich Bahn brechen wollte, zurück in sein Innerstes zu drängen.

„Ich habe dich nicht verlassen. Es war Zeit, zu gehen. Es war meine Entscheidung. Sie hatte mit dir nichts zu tun.“

„Du hast mich freiwillig verlassen?“, rief er und spürte, wie seine Wangen glühten. „Wie konntest du derartiges tun?“

„Wir sind alle für uns selbst verantwortlich“, begann sie. „Und nur für uns. Du trägst keine Verantwortung für mich und meine Entscheidungen. Und ich trage keine Verantwortung für dich und deine Entscheidungen. Kein Mensch auf der Welt tut das. Du allein bist verantwortlich dafür, wer du warst, wer du bist und wer du sein wirst. Und du allein bist auch nur dafür verantwortlich, was dir gerade widerfährt."

„Wie kann ich für diesen ganzen Mist in meinem Leben verantwortlich sein?", presste er heraus.

„Niemand hat dich gezwungen, dich krankzumelden, anstatt arbeiten zu gehen.
Niemand hat dich gezwungen, deine Familie schlecht zu behandeln, nur weil du nicht hören willst, was sie dir zu sagen haben.
Niemand hat dich gezwungen, so dicht auf deinen Vordermann aufzufahren.
Niemand hat dich gezwungen, die Küchentücher die Toilette hinunterzuspülen.
Und niemand hat dich gezwungen, die Hypotheken für das Haus nicht zu begleichen."

„Das habe ich nicht gewollt!", stieß er hervor. „Ich habe nicht entschieden ..."

Doch sie fiel ihm ins Wort: „Keine Entscheidung zu treffen, ist auch eine Entscheidung."

„Du verstehst das nicht!", sagte er und vergrub sein Gesicht in den Händen.

„Oh, ich verstehe sehr gut."

Er hob seinen Blick, sah in die Ferne und rief: „Welche Entscheidung hätte ich denn treffen sollen?"

„Entscheide dich, zu leben.

Entscheide dich dazu, glücklich zu sein.
Entscheide dich dazu, deine Ziele wieder zu verfolgen.
Entscheide dich dazu, Gesellschaft zu genießen – so wie du das früher auch getan hast.
Entscheide dich dazu, dich selbst wieder zu lieben."

Und nach einer kurzen Pause fügte sie hinzu: „Und entscheide dich dazu, mich loszulassen und meine Entscheidung zu akzeptieren."

Er schüttelte den Kopf. „Das kann ich nicht!"

„Doch, das kannst du."

„Wie?", rief er.

„Indem du jetzt die Entscheidung triffst.
Denk daran, Liebling: Dein Leben ist das Resultat deiner Entscheidungen. Du bist hier an dieser Stelle, weil du in den vergangenen Monaten die Weichen dafür gestellt hast.
Wenn du morgen ein anderes Leben haben möchtest, dann triff heute andere Entscheidungen."

Er dachte darüber nach, was sie gesagt hatte. War es so leicht? War er wirklich nur einige wenige Entscheidungen davon entfernt, zurück zu einem glücklichen Leben zu finden?
War es so einfach, zu behaupten, dass er für die ganze Misere in seinem Leben selbst verantwortlich war? Mit einem hatte sie recht … er hatte einige Entscheidungen getroffen, die ihn an diese Stelle hier gebracht hatten. Aber konnte er die Weichen so einfach selbst stellen? Wie sollte das gehen? Waren wir unseren

Mitmenschen und dem Schicksal nicht ausgeliefert?

„Bist du noch da?“, fragte er und horchte.

Sie schwieg.

„Ich muss dich noch etwas fragen:
Wie kann ich andere Entscheidungen treffen?“

Doch sie blieb stumm.

Die Sonne lachte ihm noch immer ins Gesicht, seine Kleidung war fast trocken und er fühlte sich müde und erschöpft. Er erhob sich und stieg von dem Hochsitz herab, bereit zurückzugehen und darüber nachzudenken, was soeben geschehen war. Welche Entscheidungen konnte er treffen, die sein Leben morgen verbessern würden?

***

So wie es dem Mann in unserer Geschichte erging, geht es täglich vielen Menschen auf der Welt. Wir mühen uns durchs Leben, suchen Schuldige im Außen für das, was uns passiert, fühlen uns ausgeliefert und machtlos. Doch das sind wir nicht.
Das Zauberwort heißt „Verantwortung“.Und damit sind wir bei der ersten Regel für ein meisterhaftes Leben:

Übernimm Verantwortung für dich, deine Entscheidungen und für dein Leben. Denn damit gehst du einen großen Schritt in Richtung eines erfüllten Lebens. Stelle dir doch einmal die nachfolgenden Fragen:

Wer zwingt dich, bei deinem Partner zu bleiben, wenn du in einer unglücklichen Beziehung steckst?

Wer zwingt dich, bei deinem Arbeitgeber zu bleiben, wenn du von deinem Traumjob träumst?

Wer zwingt dich, Abend für Abend Netflix zu schauen, obwohl du dich lieber für einen Schauspielkurs anmelden würdest?

Wer zwingt dich, mit dem Auto zu fahren, obwohl du mit dem Fahrrad fahren möchtest?

Wer zwingt dich, ein Leben zu führen, das du gar nicht leben möchtest?

Die Antwort auf diese und alle weiteren, ähnlichen Fragen lautet:

Du bist dafür verantwortlich. Nur du – sonst keiner!

Erkennst du, dass du in diesem Moment, in dem du das liest, schon der Mensch sein könntest, der du sein willst?
Egal, ob es sich um die Villa am Meer, den Traumjob in Spanien oder das gefüllte Konto handelt: Hättest du in der Vergangenheit andere Entscheidungen getroffen, könntest du in diesem Moment mit deinem Traumpartner in der Karibik am Strand liegen und dir die Sonne auf den Bauch scheinen lassen – vorausgesetzt, du wolltest das.

Fakt ist jedoch, du hast in der Vergangenheit keine Entscheidung getroffen, die dich dorthin führt. Sonst wärest du nämlich dort.

Du hast genau die Entscheidungen getroffen, die dich in deine jetzige Situation gebracht haben. Wenn du morgen ein anderes Leben leben willst, dann triff heute die richtigen Entscheidungen dafür. Übernimm Verantwortung für dein Leben. Erkenne, dass *allein du* die Verantwortung für alles trägst, was dir bisher im Leben widerfahren ist – egal, ob gut oder schlecht.

Das mag eine harte Erkenntnis sein. Womöglich fühlst du dich schuldig oder denkst dir:
Was? Für den ganzen Mist bin ich selbst verantwortlich?
Ja, es tut weh, sich einzugestehen, dass gewisse Lebensumstände die Früchte des eigenen Handelns sind.

Aber auch das gehört zu Wachstum und Größe dazu: Sich einzugestehen, dass man einem Irrtum erlegen ist, aufzustehen, sich aufzurichten und weiterzugehen. Und es dann besser zu machen.

Diese Erkenntnis ist ungemein befreiend.
Wenn du diese Tatsache anerkennst, dass du für alles in deinem Leben die Verantwortung trägst, erkennst du die Macht und die Kraft in dir. Und du erkennst, dass *allein du* die Möglichkeit hast, dein Leben in die gewünschte Bahn zu lenken. Und nur du.
Du kannst sofort alles ändern. Wenn du dich dazu entscheidest.
Erkennst du, dass deine Zukunft in deiner Hand liegt? Alles, was du jetzt denkst, sagst oder tust, hat eine Auswirkung auf deine Zukunft. Und nun darfst du dich zu Recht fragen:
Was kann ich denn denken, sagen und tun, um eine schöne Zukunft für mich selbst zu gestalten?

Du musst nicht auf alle Laster verzichten. Du musst nicht bei allem, was du tust, darüber nachdenken, ob dich das gesünder, erfolgreicher oder beliebter macht. Was du tun kannst, ist, bewusst Entscheidungen für deine Zukunft zu treffen. Sei dir bewusst, was es für deine Zukunft bedeutet, wenn du dieses Stück Sahnetorte isst. Oder wenn du dir eine weitere Serie für einen Serien-Marathon bei Netflix aussuchst. Oder du das nächste Mal schroff zu den Menschen bist, die du liebst.

Aufgabe:

Notiere dir zehn Punkte, die du bewusst neu entscheiden kannst, um deinem Leben eine neue Richtung zu geben.

Hier sind einige Beispiele:

- Ich entscheide mich, glücklich zu sein.

- Ich entscheide mich, jeden Tag einer fremden Person, eine Freude zu machen (mit einem Kompliment, einem Lächeln, einer unerwarteten Hilfeleistung usw.)

- Ich entscheide mich, täglich zehn Minuten lang etwas nur für mich selbst zu tun.

Aber sehen wir uns doch einmal an, wie der Protagonist unserer Geschichte mit dieser neuen Erkenntnis umgeht.

DER ZWEITE SCHLÜSSEL – ACHTSAMKEIT

Noch Tage später dachte er an die bizarre Situation auf dem Hochsitz zurück. War das ein Manöver seines Unterbewusstseins gewesen? Oder hatte ihm sein Kopf einen Streich gespielt? Drehte er womöglich durch? Doch das, was sie ihm gesagt hatte, ließ ihn nicht los. Es hatte sich in seinen Kopf gebrannt und verfolgte ihn bei allem, was er tat, sprach oder dachte. Ja, er träumte nachts von dem Hochsitz, von ihr und von ihren Worten.

Denk daran, Liebling: Dein Leben ist das Resultat deiner Entscheidungen.

War es so leicht? Sie hatte gut reden! Schließlich hatte sie ihn verlassen und nicht andersherum. Auf der anderen Seite war es seine Entscheidung gewesen, sie zu heiraten und sein Leben mit ihr zu verbringen. Seine Gedanken drehten sich schneller und schneller in seinem Kopf und an manchen Abenden plagten ihn Kopfschmerzen, bis er endlich einschlief. Er hatte nicht den Mut aufgebracht, mit irgendjemandem über sein Erlebnis auf dem Hochsitz zu sprechen. Er hörte sie schon über ihn reden:
Jetzt hat er endgültig den Verstand verloren.

Nach einigen Tagen verblasste der Schreck ihrer Unterhaltung wie die Fotografie ihrer Hochzeit im Familienalbum. Doch was blieb, waren ihre Worte. Sie wirkten und arbeiteten stetig in ihm.

In ihm brannte eine Frage insbesonders:
Welche Entscheidungen konnte er treffen, damit sich sein Leben änderte?

Sollte er zu seinem Chef gehen und sich entschuldigen?
Sollte er sich bei seiner Schwester entschuldigen?
Und bei seinem Hund? Dafür, dass er sich die letzten Monate nicht so um ihn hatte kümmern können, wie er das gewohnt war? Aber würden diese Entscheidungen etwas an seinem Leben ändern? War es so simpel? Sei nett zu allen, auch wenn du es nicht ernst meinst? Tu so, als wärst du glücklich, obwohl du es nicht bist? Lebe ein Leben, das du nicht leben willst?
Nein, das konnte nicht die Lösung sein. Es fühlte sich nicht nur falsch an, es war falsch. Wie sehr er sich wandte, er konnte sich die Frage nach der richtigen Entscheidung nicht beantworten.

Auch wenn er die folgenden Wochen weniger darüber grübelte, so wirkten ihre Worte weiter in ihm. Er entschuldigte sich. Bei allen. Es fiel ihm nichts Besseres ein. Zwar änderte es nicht sein Leben, doch wenigstens konnte er seinen Job retten. Vorerst.

„Mach eine Therapie", bat seine Schwester.
Er nickte, doch innerlich war er sich sicher, dass ihn keine zehn Pferde zu einer Therapie bewegen konnten.

Zehn Tage später saß er auf einer alten, abgenutzten Yogamatte im buddhistischen Zentrum seines Ortes. Das war der Kompromiss: wenn schon keine Therapie, dann wenigstens Meditation.

Um ihn herum saßen elf andere Teilnehmer und einer, den er für einen Mönch hielt. Sieben Frauen, fünf Männer und ein Mönch. Die Matten waren beige, lila und blau in den verschiedensten Tönen. Alle hatten sie legere, bequeme Kleidung an. Außer er. Seine schwarze Hose spannte und seine Krawatte lag neben seinen Lederschuhen.

Alle folgten sie den Worten des vermeintlichen Mönchs, alle waren sie in einer Trance oder was auch immer das war. Scheinbar war er der Einzige, der der geführten Meditation nicht folgte oder nicht folgen konnte. Deshalb sah er sich interessiert um, sah in die Gesichter der Meditierenden, beobachtete sie, zählte die Schwarzhaarigen und die Blonden. Er ertappte sich bei dem Gedanken daran, was diese Menschen wohl beruflich taten. Eines hatten sie ihm alle voraus: Sie hielten es mit sich selbst und den eigenen Gedanken aus. Nur er nicht.

Nach einigen Minuten bemerkte er, dass der Mönch ihn beobachtete. Er fühlte sich ertappt und schloss rasch seine Augen. Doch er konnte den Worten nicht folgen. Seine Gedanken gingen auf Wanderschaft. Er dachte darüber nach, was ihm alles geschehen war. Er ertappte sich dabei, wie er darüber sinnierte, wie unfair das Leben doch war. Was ihm in den vergangenen Monaten alles widerfahren war.

Das Leben ist kein Ponyhof, hörte er seinen Vater sagen.
Und insgeheim gab er ihm recht.

Als er mit seiner Vergangenheit durch war, flogen seine Gedanken weiter in die Zukunft und sofort ergriff ihn Angst.

Wie würde es mit ihm weitergehen? Würde er je wieder lachen können? Würde er wieder glücklich sein? Würde er je wieder in den Urlaub fahren? Sich womöglich verlieben können?
– *Nein, ausgeschlossen!*

Er öffnete seine Augen in dem Moment, in dem der Mönch seine Schützlinge dazu aufforderte. Genau so, als wäre er von Beginn an seinen Worten gefolgt. Doch in Wahrheit hatte er nur auf die Gelegenheit gewartet, sich endlich vom Acker machen zu können. Leise fielen die anderen Teilnehmer um ihn herum in gedämpfte Gespräche. Sie unterhielten sich darüber, was sie eben empfunden und erlebt hatten.
Bitte nicht, dachte er.
Doch genau in diesem Moment drehte sich eine ältere Dame zu ihm um.

„Wie hat es ihnen gefallen? Sie sind das erste Mal hier, oder?"

„Ja", sagte er und dachte: *Aber sicher das letzte Mal.*
„Es war nett, vielen Dank!"

Die Dame lächelte gnädig und nickte.
Sie hatte sanfte Züge und er war sich sicher, dass die Männer in ihren jungen Jahren Schlange gestanden haben mussten.

„Haben Sie das erste Mal meditiert?", wollte sie wissen.

„Ähm, ja!", stammelte er.

Wieder nickte sie verstehend und lächelte weiter.

Er erhob sich und hoffte, damit weiteren, unangenehmen Fragen ausweichen zu können.

Als er in seine Schuhe geschlüpft war und sich umdrehte, erschrak er. Denn der Mönch stand vor ihm und blickte ihn aufmerksam an. So, als habe er ununterbrochen dort gestanden und nur darauf gewartet, dass er sich erhob. Nun standen die beiden Männer da und sahen einander an.

Endlich brach der Mönch das Schweigen: „Zeit für eine Tasse Tee?“

„Eigentlich nicht, ich wollte gerade ...“

„Oh, ich bin sicher, du hast Zeit für einen Tee“, sagte der Mönch sanft und wies mit einer fließenden Bewegung seines Arms auf eine kleine Ecke des Raumes. Dort lagen überall bunt bestickte Decken. Buddhistische Ornamente zierten die Wände; wie sie hießen, vermochte er nicht zu sagen.

Er folgte dem Mönch in die Ecke, ließ sich ungeschickt auf eines der Kissen fallen und wartete, bis der Mönch Tee in zwei kleine Tassen geschenkt und sich ebenfalls niedergelassen hatte. Dann nahm er den Tee entgegen und roch daran. Er kannte die Sorte nicht, doch der Tee roch aromatisch und so nippte er daran.
Zu seiner Überraschung war der Tee heiß. Dann erblickte er ein kleines Teelicht unter der Kanne. Der Mönch hatte ihn aufmerksam beobachtet und als er ihn ansah, lächelte er wieder. Oder immer noch. Konnte ein Mensch immerfort zufrieden grinsen? Konnte ein Mensch immer zufrieden *sein*?
Die Fragen lagen ihm auf der Zunge, doch er schluckte sie hinunter. Der Mönch, der ebenfalls an seinem Tee genippt hatte,

stellte die Tasse auf dem kleinen Tisch zwischen ihnen ab und sah ihm dann in die Augen.

„Was quält dich?“, fragte er unverhofft.

Er wusste nicht, was er darauf antworten konnte, deshalb starrte er den Mönch nur ratlos an.

Nach einigen Momenten sagte er: „Mich quält nichts.“

Der Mönch sah ihn weiter an.
Dann, plötzlich, lächelte er breit. „Woran hast du während der Meditation gedacht?“

„An nichts“, stammelte er, fühlte sich jedoch ertappt.

„An nichts und doch so viel?“

„Woher wissen Sie ...?“, begann er, hielt dann aber ein, als er bemerkte, dass er eben gestanden hatte.

„Ich erkenne einen rastlosen Geist, wenn ich ihn sehe“, sagte der Mönch und griff erneut zu seiner Teetasse. „Unsere Gedanken wandern, das ist völlig normal.“

„Warum dann meditieren?“, wollte er wissen.

„Weil wir durch das Meditieren lernen können, im Hier und Jetzt zu bleiben“, antwortete der Mönch.

„Warum ist das wichtig?“

„Was war, das war. Es kommt nicht zurück.

Was kommt, das kommt. Du wirst es nicht beeinflussen können. Das Einzige, was du beeinflussen kannst, ist die Gegenwart", erklärte der Mönch. „Die Gegenwart gibt dir die Macht, das Vergangene loszulassen und Entscheidungen für die Zukunft zu treffen."

Da war es wieder. Es traf ihn wie ein Blitz und fuhr in sein Herz. Das, was sie ihm auf dem Hochsitz gesagt hatte. Und das, was der Mönch ihm gerade sagte. All das machte plötzlich Sinn.

Und dann begann er zu erzählen. Er berichtete dem Mönch von seinem Leben, von alldem, was ihm widerfahren war. Von seiner Frau, die ihn für immer verlassen hatte. Und dann auf einem Hochsitz zu ihm gesprochen hatte. Und als er seine Erzählungen schloss, bemerkte er, dass der Raum inzwischen leer war und die warmen Augen des Mönchs noch immer aufmerksam auf ihn gerichtet waren.

„Bin ich verrückt?", fragte er den Mönch vorsichtig.

Der lachte, nahm einen großen Schluck von seinem Tee und stülpte dann den Teesatz auf einen Teller. Er ließ die Tasse falsch herum auf dem Teller stehen, wies mit einer sanften Handbewegung darauf und fragte ihn: „Ist das verrückt?"

„Ein wenig vielleicht", stammelte er.

„Alle Menschen sind in irgendeiner Hinsicht verrückt.
Verrückt zu sein ist nichts anderes, als aus der Komfortzone unseres Denkens auszubrechen. Es bedeutet, über den Tellerrand hinauszusehen und zu erkennen, dass wir frei sind, zu

tun und zu denken, was wir wollen. Ob das unseren Mitmenschen gefällt oder nicht."

Er dachte darüber nach. Bedeuteten die Worte des Mönchs, dass er normal war? Oder dass es okay war, verrückt zu sein? War es womöglich sogar *gut*, verrückt zu sein?

Der Mönch schien sein Zögern richtig zu deuten. „Nur wer die Grenzen seines Denkens aufbrechen kann, kann seinen Horizont erweitern. Und neue Entscheidungen treffen."

Da war es wieder. Die Frage schoss aus ihm heraus:
„Wie treffe ich neue Entscheidungen?"

„Zuerst einmal", begann der Mönch, „ist es wichtig, dass du die Sorgen der Vergangenheit und die Ängste vor der Zukunft loslässt. Du kannst beides nicht beeinflussen.
Lerne, in der Gegenwart zu leben.
Lerne, den Moment zu genießen."

„Wie hilft mir das?"

„Es hilft dir insofern, als du einen klaren Kopf bekommst und wieder lernst, das Leben zu genießen. Indem du den kleinen Freuden der Gegenwart deine Aufmerksamkeit schenkst."
Nach einer kurzen Pause fuhr er fort: „Denk darüber nach.
Und dann komm nächste Woche wieder.
Ich werde dir zeigen, wie du dein Leben grundlegend verändern kannst. Aber bis dahin bitte ich dich: Notiere dir bis nächste Woche zehn Dinge, die dir positiv in deiner Umwelt aufgefallen sind, als du dich ganz auf die Gegenwart konzentriert hast."

Als er das buddhistische Zentrum verließ und hinaus auf den Gehsteig ging, blendete ihn die Sonne und er hatte das Gefühl, dass *sie* bei ihm war. Das, dachte er, ist ein schöner erster Punkt auf meiner Liste: Ich genieße die Sonne. Jetzt, genau in diesem Moment. Und er stand einige Sekunden lang da, schloss die Augen und streckte sein Gesicht der Sonne entgegen.

Und just in diesem Moment flog ein zaghaftes Lächeln über seine Lippen.

***

Die zweite Regel für mehr Glück und Erfüllung lautet:
Lebe den Moment!

Jeder Moment deines Lebens ist einzigartig und kommt nicht zurück. Er ist nur einmal da. Er kann nur einmal gelebt werden. Indem du das erkennst und die Momente bewusst und achtsam genießt, wirst du sie als das erkennen, was sie sind: ein Geschenk.

Tust du das oft genug, erkennst du eines Tages, dass das ganze Leben ein Geschenk ist. Du kannst dich nicht an deine Zeugung erinnern: Aber die Chance, geboren zu werden, liegt bei 1:400 Billionen.

Oder, um dir das einmal mit den vielen Nullen klarzumachen, die diese Zahl besitzt:
1:400.000.000.000.000.000.

Dass du jetzt hier bist und dieses Buch liest, ist ein großes Wunder. Du *bist* ein Wunder!
Und doch, obwohl wir uns das theoretisch täglich bewusst machen können, sind wir trotzdem unzufrieden mit unserem Leben. Wir jammern, zaudern und hadern. Mit uns, der Welt, dem Schicksal.

Stell dir vor, du stehst mit 400 Billionen Menschen vor einer Jury. Und von diesen 400 Billionen Menschen wirst du ausgesucht, um eine besondere Reise zu unternehmen.
Würdest du diese Reise nicht genießen? Wissend, dass 400 Billionen andere sie gerne unternehmen würden, aber niemals können?

Genau das ist das Leben! Das ist *dein* Leben!
Also genieße jeden Moment davon.

Wir alle verbringen gedanklich deutlich zu viel Zeit in der Vergangenheit und in der Zukunft. Das ist völlig normal, es gibt keinen Grund, sich deshalb schlecht zu fühlen. Solltest du einmal mit deinen Gedanken in der Vergangenheit festhängen, dann überlege dir, ob das deine Lebenszeit wert ist. Denn:
Du kannst die Vergangenheit ohnehin nicht mehr ändern. Sie ist vergangen.

Dasselbe gilt für deine Zukunft: Ja, du sollst Zukunftspläne schmieden, du darfst dein Traumleben visualisieren! Aber verliere dich nicht in oberflächlichen Tagträumereien. Oder schlimmer: Dir die verschiedenen Tragödien auszumalen, die in deinem Leben passieren könnten. Du hast nicht auf alles, was in deiner Zukunft geschieht, Einfluss. Den einzigen Einfluss, den du nehmen kannst, ist der Einfluss auf die Gegenwart.

Du musst nicht verändern, nichts erzwingen, nichts bereuen. Es genügt, den Moment wahrzunehmen, ihn zu genießen und die beste Version von dir selbst zu sein, die du in diesem Moment sein kannst.
Egal, wer du einmal warst.
Egal, wer du einmal sein wirst.

Wenn dir das gelingt, dann erkennst du die Schönheit in den kleinsten Dingen, ohne dass deine Sorgen deine Sinne vernebeln.

Aufgabe:
Versuche im Alltag öfter kleine Moment der Achtsamkeit einzubauen.
Wenn du etwas trinkst, dann trinke einmal bewusst: Was siehst, riechst, schmeckst, hörst und fühlst du?
Das lässt sich leicht auf jede Aktivität in deinem Alltag übertragen.

Ich wette, du wirst völlig neue Erfahrungen mit gewöhnlichen Aktivitäten machen, wenn du sie bewusst erlebst.

Nun lass uns aber nachsehen, was der Mann aus unserer Geschichte tun kann, um seinen Weg zurück in ein glückliches Leben zu finden.

DER DRITTE SCHLÜSSEL – DANKBARKEIT

In den sieben Tagen nach seinem Gespräch mit dem Mönch lernte er eine wichtige Lektion. Wenn er die kleinen Momente wertschätzte und genießen konnte, dann änderte sich seine innere Einstellung zum Leben. Er spürte, wie er Stück für Stück zu einem neuen Menschen wurde.

Und als er nach sieben Tagen zufrieden das buddhistische Zentrum betrat, hatte er eine Liste mit zehn Punkten bei sich, an denen er sich in der vergangenen Woche erfreut hatten:

1. Die Sonne.
2. Walnusseis.
3. Urlaubsfotos, die ihm die Kinder geschickt hatten.
4. Ein Sonnenuntergang.
5. Ein Sonnenaufgang. Gleich am nächsten Morgen.
6. Der neue Film seines Lieblingskomikers.
7. Ein Schmetterling, der fast auf seinem Knie gelandet war.
8. Noch ein Sonnenaufgang.
9. Das sein Hund ihn endlich wieder einmal schwanzwedelnd begrüßt hatte.
10. Der Milchkaffee aus der neuen Kaffeemaschine, die er endlich in Betrieb genommen hatte.

Er ließ seinen Blick über die Anwesenden schweifen. Einige von ihnen hatte sich bereits einen Platz zum Meditieren ausgesucht und sich gesetzt.

Doch er war nicht gekommen, um zu meditieren, sondern um mit dem Mönch zu sprechen.

Ich werde dir zeigen, wie du dein Leben grundlegend verändern kannst. – Nur deshalb war er hier. Er wollte dieses Geheimnis kennenlernen. Er wollte wissen, wie er sein Leben zurück in die richtige Bahn lenken konnte. Doch er konnte den Mönch nicht entdecken. Fast alle saßen schon und die beiden Männer vor ihm sahen ihn ungeduldig an, als er hinter ihnen stand und von einem Bein auf das andere trat.

Als er ihre Blicke bemerkte, suchte er sich eine Matte und ließ sich darauf nieder. In diesem Moment betrat der Mönch den Raum, ging geradewegs nach vorn und betätigte die Stereoanlage. Über die kleinen Lautsprecher des Raumes ertönten sanfte Klänge und er seufzte. Wenn er mit dem Mönch sprechen wollte, musste er bis nach der Meditation warten.
Er hielt den Zettel mit den 10 Punkten in der Hand und versuchte, sich aufrecht hinzusetzen. Diesmal folgte er auch den Anweisungen des Mönches, als dieser sie aufforderte, die Augen zu schließen. *Und wenn schon*, dachte er, *jetzt bin ich hier, also mache ich einfach mit.*

Er lauschte der Stimme des Mönches, der ihn aufforderte, seine Atmung zu beachten. Und so folgte er den Bewegungen seines Brustkorbes, der sich bei jedem Atemzug hob und senkte.
Ohne es zu bemerken, sank er in eine tiefe Trance. Die Stimme des Mönches nahm er nicht mehr bewusst wahr. Er hörte sie, aber er konnte den Inhalt der Worte nicht mehr entschlüsseln.

Er betrat einen großen, hellen Raum. Halt, nein, der Raum wandelte sich plötzlich zu einer Wiese. Die Sonne schien, überall blühten Blumen und kleine Schmetterlinge und Vögel flogen umher. In der Ferne hörte er das Rauschen eines Baches. Als er sich dem Bach näherte, erkannte er, dass das Wasser vollkommen klar und rein war. Er zog seine Schuhe aus und watete ein wenig in dem Bach herum. Die Steine im Flussbett waren groß und glatt. Er schlenderte eine Weile neben dem Bach, bis der dieser breiter und tiefer wurde. Das Gras unter seinen Füßen war warm und weich. Es roch nach Blumen und in der Ferne zwitscherten Vögel. Vor ihm tauchte eine Brücke auf. Sie war aus dunklem Holz gebaut, war schmal und hatte auf beiden Seiten hüfthohe Brüstungen. Die Brücke strahlte in einer funkelnden Aura und zog ihn magisch an. Als er sie erreicht hatte und auf das andere Ufer hinübersah, konnte er *sie* sehen.

Und mit einem Mal wusste er, was es mit dieser Brücke auf sich hatte. Er verband seine Welt mit ihrer Welt. Die Brücke war der Ort, an dem er sie noch einmal sehen konnte, mit ihr sprechen konnte. Er bewegte sich auf die Brücke zu, genau wie sie.
Auf der Mitte der Brücke trafen sie sich. Standen sie sich gegenüber und sahen einander an. Ihre Augen leuchteten.
Sie sah gut aus: Strahlend, fröhlich, frisch.

„Du hast auf mich gehört!“, sagte sie und ihre Augen strahlten vor Freude.

Er verstand sie nicht, denn er hatte nicht herausgefunden, wie er bessere Entscheidungen treffen konnte und welche das sein sollten.

Sie lachte. Dann, als hätte sie seine Gedanken gelesen, sagte sie: „Das hast du bereits getan! Du hast seit unserem letzten Gespräch viele gute Entscheidungen getroffen.
Und du bist hier – du hast die Entscheidung getroffen, mich loszulassen."

Die Worte trafen ihn aus heiterem Himmel. Hatte er das wirklich getan?

„Es ist gut so!", sagte sie und sah ihn an. Sie legte eine Hand auf seine Wange.

Er spürte, dass dies der letzte Moment war. Ihr letzter gemeinsamer Moment. Die letzte Möglichkeit, ihr das zu sagen, was er ihr zu sagen hatte. Doch nur ein einziges Wort kam aus ihm heraus: „Danke!"

Ihr Lächeln wurde breiter. „Leb wohl!", sagte sie, nahm sie ihre Hand von seiner Wange und ging langsam ein paar Schritte zurück auf ihre Seite.

Er stand einige Momente da und sah ihr nach. Dann ging er zurück auf seine Seite. Als sie beide wieder an ihrem Ufer standen, blickten sie einander ein letztes Mal an. Dann ging sie. Und er wusste, sie würde nicht wieder kommen.

Langsam ging er das Ufer entlang zurück in die Richtung, aus der er gekommen war. Er war nicht traurig. Stattdessen bereitete sich Zufriedenheit und Dankbarkeit in ihm aus. In seinem Inneren entstand ein Gefühl von Wärme und Leichtigkeit. Er ging zu der Stelle zurück, an der er diese Wiese betreten hatte. Und er vernahm die Stimme des Mönchs, der von zehn auf eins zählte und ihn langsam zurückholte. Er blieb noch einige Momente mit geschlossenen Augen sitzen. Er versuchte, zu verstehen, was ihm gerade widerfahren war. Doch um ihn herum wurde es unruhig. Die anderen Kursteilnehmer erhoben sich, führten leise Gespräche, die immer lauter wurden, und zogen sich die Schuhe an. Er erhob sich. Der Mönch war in ein Gespräch vertieft und so zog er sich die Schuhe an und legte dabei den Zettel mit seiner Liste aus der Hand.

War sie noch wichtig?
Hatte sie jetzt noch eine Bedeutung?
Es waren nur 10 Punkte aus 7 Tagen. Er erkannte, dass jeder Moment besonders war und jeder Moment es verdiente, ein Punkt auf seiner Liste zu werden. Er nahm die Liste zur Hand und zerriss sie. Und in diesem Moment sah der Mönch zu ihm herüber, beendete sein Gespräch und winkte ihn zu sich heran.

„Wie ich sehe, hast du deine Lektion gelernt?“

„Ich denke schon“, sagte er. „Es geht darum, in jedem Moment das Wundervolle zu entdecken.“

Der Mönch nickte zufrieden.

„Was ist das Geheimnis?“, wollte er von dem Mönch wissen.

„Welches Geheimnis?“

„Das, mit dem ich mein Leben grundlegend verändern kann.“

„Du hast es gerade selbst herausgefunden“, antwortete der

Mönch.

Der Mann schwieg. Er verstand. Dann nickte er.
„Dankbarkeit", flüsterte er.

Der Mönch legte eine Hand auf seine Schulter.
„Sei dankbar, sooft du kannst. In jeder Minute deines Lebens erfährst du Dinge, für die du dankbar sein darfst. Manchmal erkennst du das Geschenk einer Krise erst später. Du musst dich im Moment der Krise nur daran erinnern, dass das Geschenk da ist. Und dann sei dankbar dafür. Eines Tages wirst du verstehen, warum alles in deinem Leben so geschehen musste.
Doch bis dahin: Sei dankbar!"
Der Mönch drehte sich um und ließ ihn allein zurück.

Noch immer hatte er ein Gefühl von Leichtigkeit in sich.
Als wäre in seinem Inneren etwas geschehen, das jede Last schwerelos wirken ließ. Er ging nach Hause. Doch er nahm einen Umweg über den Friedhof. Er hatte *sie* dort nie besucht. Es wurde Zeit dafür.

***

Und hier ist Schlüssel Nummer 3: Sei dankbar!

Jeder Moment deines Lebens ermöglicht dir ein Geschenk: Dankbar zu sein.
Dabei musst du nicht auf große Wunder oder Ereignisse warten, die du gerne in deinem Leben hättest. Die kommen dann, wenn du für die selbstverständlichen, kleinen Momente dankbar bist.
Wie der Tatsache, dass du morgens aufwachen darfst. Dass du

geboren wurdest. Oder dass du die Möglichkeit hast zu lachen, Pläne zu schmieden und zu träumen.

Alles ist vergänglich.
Und eines Tages wirst du an einem Punkt in deinem Leben ankommen, da gibt es keinen neuen Tag mehr, keine neue Chance mehr, kein neues Erwachen mehr. Ja, der Tag wird kommen, an dem du das letzte Mal erwachst. Erkenne deine eigene Sterblichkeit, sie ist etwas Positives. Denn dadurch lernst du, die Momente zu genießen und wertzuschätzen.

Alles, was wir heute „besitzen“, haben wir Menschen zu verdanken, die vor uns gelebt haben. Denn sie haben die Weichen gestellt, dass wir in der westlichen Welt heute in dem Luxus leben können, in dem wir leben. Alles, was du hast, ist nur geliehen: Dein Zuhause, deine Kleidung, dein Auto, ja sogar dein Körper.

Du wirst nichts davon mitnehmen, wenn du gehst – sei dankbar dafür, wenn du es jetzt nutzen kannst!
Gerade weil wir nicht alles auf ewig festhalten können, ist es wichtig, dass du dir neben materiellen Gütern auch geistige Schätze erschaffst. Jene, die für immer bleiben:
Erinnerungen und positive Gefühle.
Beides kannst du deinen Mitmenschen und Nachkommen weitergeben. Und glaube mir, nichts gedeiht so gut, wie ein Same, der aus Liebe gepflanzt wird.

Es ist nicht leicht, sich im Alltag immer darauf zu fokussieren, dankbar zu sein. Wir sind häufig an negative Denkweisen gewohnt. Ja, sie wurden uns in die Wiege gelegt. Das, was wir

haben, ist für uns selbstverständlich. Stattdessen blicken wir nur auf das, was wir nicht haben – und konzentrieren uns genau darauf: auf den Mangel.
Wenn du aber die Perspektive wechselst, wenn du dich auf das konzentrierst, was du hast, dann kannst du deinem Leben damit eine völlig neue Wendung geben. Du wirst erkennen, wie reich und gesegnet du bist.

Aufgabe:
Führe Dankbarkeit als Ritual in dein Leben ein.
Das kannst du mithilfe einer Meditation nach dem Aufwachen tun.
Oder etwa mit einem Journal.

Notiere dir drei Dinge, für die du dankbar bist, in deinem Journal. Das müssen, wie oben erwähnt, keine außergewöhnlichen Punkte sein. Such dir Kleinigkeiten aus deinem Alltag aus, für die du dankbar bist, wie dein Augenlicht, der kühlende Wind oder eine gute Tasse Kaffe.

NACHWORT

Der Winter war da. Es war schon der zweite Winter, seit er ihr auf der Brücke Lebewohl gesagt hatte. Er schlenderte durch den knöchelhohen Schnee im Park, zog seinen Schal enger um seinen Hals und stellte sich vor, wie er nächstes Jahr um diese Zeit mit seinem kleinen Enkel hier einen Schneemann würde bauen können. Dieses Jahr war er noch zu klein.
Vielleicht, überlegte er, würde er einen für ihn bauen und ein Foto davon machen, das er ihm dann im Frühling oder Sommer zeigen konnte. Was für eine hervorragende Idee! Je länger er darüber nachdachte, desto mehr wuchs in ihm der Wunsch, jetzt einen Schneemann zu bauen.

Er lief an die Stelle, wo er im Sommer im Gras auf einer Decke gelegen hatte, und stundenlang in den Himmel gestarrt und dabei die vorbeiziehenden Wolken gezählt hatte. Er schob Schnee unter seinen Händen zusammen, formte ihn zu einer Kugel und begann damit, sie durch den Schnee zu rollen, bis sie größer und größer wurde. Sein Hund rannte aufgeregt um ihn herum und forderte ihn auf, einen Schneeball für ihn zu werfen. Lachend griff er erneut in den Schnee, formte einen kleinen Ball daraus und warf ihn, soweit er konnte, damit der Hund ihm hinterherjagen konnte.

Als der Schneemann fertig war, er zwei Arme aus Stöcken, eine Nase, Augen und einen Mund hatte, band er ihm seinen Schal um und machte ein Foto.

Dann ging er langsam davon. Dankbarkeit überkam ihn.
Wie so oft in den vergangenen Monaten.

Er war dankbar, dass es seinen Kindern gut ging. Dankbar, dass sein Hund wieder gesund war. Er war dankbar, dass sich seine Beziehungen mit der Familie und den Kollegen wieder normalisiert hatte. Und er war dankbar, dass er seinen Arbeitsplatz hatte retten können. Inzwischen hatte er die Abteilungsleitung abgegeben, hatte Platz gemacht für den Firmennachwuchs. Er war glücklich mit der Entscheidung, denn nun hatte er mehr Zeit. Zeit für sich. Und die schönen Dinge im Leben. Die ihm immer häufiger passierten, seitdem er mit *ihr* gesprochen hatte. Und seit er den Mönch kennengelernt hatte.

Er war dankbar für die gemeinsame Zeit, die er mit *ihr* gehabt hatte. Und er war dankbar, dass er weiterleben durfte.
Unendlich dankbar.

Er hatte gelernt, dass sein Glück nicht von dem abhing, was im Außen passierte, sondern von seinen Gedanken. Davon, wie er die Welt sah. Und nicht, wie die Welt ihn sah. Oder wie er dachte, dass ihn die Welt sah.

Er hatte verstanden, dass Verantwortung, Achtsamkeit und Dankbarkeit nichts waren, die einer Person *passierten.*
Sondern, dass er die Entscheidung treffen konnte, Verantwortung zu übernehmen, jeden Moment zu genießen und dankbar zu sein.

„Hey!“, riefen Stimmen hinter ihm und er drehte sich um.

Einige Kinder standen neben dem Schneemann, der noch immer seinen Schal trug.

„Danke für den Schneemann“, riefen sie lachend und winkten ihm.

Er lächelte und winkte zurück. Wieder ein Samenkorn der Liebe gepflanzt, dachte er und ging pfeifend zurück zu seinem Auto.

***

Allein mit der Kenntnis der drei Schlüssel ist es nicht getan. Immer müssen einer Entscheidung Taten folgen.
Nur dann kannst du nachhaltig für dich etwas in deinem Leben verändern.

Denk daran: Es liegt alles in deiner Verantwortung!

Ich hoffe, dass dir meine kleine Geschichte gefallen hat und du etwas daraus für dich mitnehmen konntest.

Wenn du Lust auf mehr Inspiration hast, dann folge mir gerne auf meinen Social-Media-Kanälen. Wir freuen uns darauf, dich in unserer Community zu begrüßen:

Instagram: lebens.meister
Tiktok: lebens.meister

Printed in Poland
by Amazon Fulfillment
Poland Sp. z o.o., Wrocław

19474050R00030